CAPYBARA!

Spaßige Tierfakten für Kinder mit echten Fotos

Dylanna Press

Capybara!
Spaßige Tierfakten für Kinder mit echten Fotos
(Erstaunliche Tiere für junge Leser – Stufe 1)

Geschrieben und veröffentlicht von Dylanna Publishing
www.dylannapublishing.com

Covergestaltung und Layout von Julie Grady
Fotocredits: Alle Bilder lizenziert von Shutterstock

ISBN: 978-1-64790-492-0 (taschenbuch); 978-1-64790-493-7 (hardcover)

Dieses Buch ist ein Sachbuch, das für Bildungszwecke erstellt wurde. Obwohl sich Mühe gegeben wurde, die Genauigkeit sicherzustellen, ist es für frühe Leser gedacht und kann Informationen vereinfachen oder verallgemeinern.

Erste Ausgabe, 2026

Triff das Capybara
Hallo!
Schau dir dieses große, flauschige Tier an!
Es ist ein Capybara — das größte Nagetier der Welt!

Wie sehen sie aus?

Braunes Fell, eine runde Nase, kleine Ohren — ein Capybara ist wie ein Fass geformt!

Flauschig und rund!

Wo Capybaras leben
Capybaras leben in Südamerika.
Sie bleiben in der Nähe von Flüssen, Seen und Sümpfen.
Capybaras leben hier
Sie lieben Wasser!

Platsch!
Capybaras springen ins Wasser.
Sie schwimmen jeden Tag.
PLATSCH!
Klatsch!
WUSCH!

Starke Schwimmer
Capybaras sind starke Schwimmer. Sie gleiten durchs Wasser, nur mit der Nase oben.
GLEITE, GLEITE, GLEITE

Nur ein Blick
Kannst du mich sehen?
Nase oben. Augen oben. Ohren oben. Capybaras schauen aus dem Wasser, um sicher zu sein.

Unterwegs
Capybaras schwimmen nicht nur. Sie können auch laufen und rennen!
Los geht's!

Snack-Zeit
Capybaras essen den ganzen Tag. Sie lieben Gras, Früchte und Wasserpflanzen.
MAMPF, MAMPF, MAMPF

Knusper Knusper
Capybaras haben große Vorderzähne. Ihre Zähne wachsen immer weiter! Kauen hält sie kurz.
KNUSPER!
KAU!
KNACK!

Capybaras sind freundlich
Capybaras sind ruhig und sanft. Sie kommen mit Vögeln, Enten — sogar Hunden klar!
Jeder ist mein Freund!

In Gruppen leben
Capybaras leben in großen Gruppen. Zehn, zwanzig — sogar vierzig zusammen!
Wir bleiben zusammen!

Zeit zusammen
Capybaras ruhen eng beieinander. Eine große Gruppe sieht aus wie eine große Umarmung!
Die besten Freunde für immer!

Baby-Capybaras
Ich bin ein Mini!
Baby-Capybaras heißen Welpen. Sie sehen aus wie kleine Erwachsene!

Schnell groß werden

Baby-Capybaras wachsen schnell. Sie lernen am ersten Tag laufen und schwimmen!

Hungrige Welpen
Baby-Capybaras essen auch Gras! Sie lernen, indem sie die Erwachsenen anschauen.
MAMPF!
MAMPF!
MAMPF!

Quatschen, Quatschen
Pieps!
Capybaras quietschen, zwitschern und bellen. Sie benutzen Geräusche, um miteinander zu reden.

Achtung!
Capybaras hören im Gras nach Gefahr. Wenn sie etwas hören, rennen sie zum Wasser.
Schnell! Hierher!

Leise Schwimmer
Capybaras bewegen sich langsam durchs Wasser. Sie machen fast gar keinen Lärm.
Rutsche...
Rutsche...

Friedliche Nachbarn
Hallo!
Capybaras teilen ihr Zuhause mit Schildkröten, Vögeln und Fröschen. Sie leben alle zusammen beim Wasser.

Natur-Rasenmäher
Capybaras fressen viele Pflanzen. Das hilft, das Gras kurz und gesund zu halten!
Schnip! Schnip!

Vogel Kumpel
Vögel mögen es, auf Capybaras zu reiten. Die Capybaras stören sich gar nicht daran!
Hüpf Auf!

Schlafenszeit

Capybaras dösen in der Sonne oder im Schatten. Sie ruhen mit ihren Freunden und machen kein Geräusch.

Weck mich später auf!

Abkühlen
Wenn es heiß ist, gehen Capybaras zum Wasser. Es hilft ihnen, in der Sonne kühl zu bleiben.
Aah... das ist besser

Capybaras und Menschen

An manchen Orten leben Capybaras in der Nähe von Menschen. Sie sind ruhig und freundlich – aber immer noch wild!

Capybaras in der Stadt

TOLLE FAKTEN!

 **Capybaras sind die größten Nagetiere der Welt.**

 **Sie können im Wasser dösen!**

 **Vögel reiten auf ihren Rücken.**

 **Baby-Capybaras heißen Welpen.**

 **Sie können 5 Minuten die Luft anhalten!**

Was wir gelernt haben

Capybaras sind ruhige, sanfte Tiere. Sie leben nahe am Wasser, fressen Gras und bleiben in Gruppen zusammen. Von Welpen bis Erwachsenen sind sie Teil des großen Teams der Natur!

Was war deine Lieblingsdetail über Capybaras?

QUIZZEIT

Kannst du dich erinnern, was du über Capybaras gelernt hast?

 **1** Was fressen Capybaras?

 **2** Wo leben sie?

 **3** Wie nennt man ein Capybara-Baby?

 **4** Wie bleiben Capybaras kühl?

 **5** Welches Geräusch machen sie?

Wörter zum Lernen

Nagetier — Ein Tier mit großen Vorderzähnen

Welpe — Ein Capybara-Baby

Sumpf — Ein nasser, schlammiger Ort

Herde  Eine Gruppe von Tieren, die zusammenleben

Schwimmhäute — Haut zwischen den Zehen, die beim Schwimmen hilft

NOCH MEHR ERSTAUNLICHE TIERE

Willst du mehr tolle Tiere kennenlernen?
Schau dir die anderen Bücher der Reihe an!

Kannst du ein Capybara malen?
Was würde es gerade tun? Fressen? Schlafen? Schwimmen?